Hütten Kochbuch

Kulinarisches von der Alm

Servus &
An Guadn!

Melanie Zanin

Hütten Kochbuch

Kulinarisches von der Alm

Parragon

Bath • New York • Cologne • Melbourne • Delhi
Hong Kong • Shenzhen • Singapore • Amsterdam

Anmerkung für den Leser:
Ein Teelöffel entspricht 5 ml, ein Esslöffel 15 ml. Soweit nicht anders angegeben, wird Vollmilch verwendet. Die Angaben zu Kartoffeln und Gemüse beziehen sich auf mittlere Größen. Pfeffer ist immer frisch gemahlen. Die Eier sind ebenfalls von mittlerer Größe und immer aus Freilandhaltung. Orangen und Zitronen sind unbehandelt, da die Schale häufig zum Aromatisieren verwendet wird.
Kinder, ältere Menschen, Schwangere, Kranke oder in Rekonvaleszenz befindliche Personen sollten auf Rezepte mit rohen oder leicht gegarten Eiern, auf rohen Fisch und rohe Meeresfrüchte sowie Erdnüsse oder Erdnussprodukte verzichten.

Allergiker bitten wir zu beachten, dass einige Fertigprodukte, die in den Rezepten verwendet werden, allergene Bestandteile enthalten können und daher immer sorgfältig die Inhaltsstoffe der Produkte überprüft werden müssen.
Bewahren Sie Lebensmittelreste immer im Kühlschrank auf und prüfen Sie sie vor ihrer Verwendung gewissenhaft auf ihre Verwertbarkeit. Verdorbene Lebensmittel dürfen auf keinen Fall verzehrt werden.

Alle Rezepte in diesem Buch wurden mit größtmöglicher Sorgfalt und Liebe zubereitet, verkostet und überprüft.

Erläuterung der Legende:

Personen/Portionen

Kochzeit/Garzeit

Zubereitungszeit

Chartist House
15-17 Trim Street
Bath BA1 1HA, UK
www.parragon.com

Projektkoordination: Melanie Zanin, Düsseldorf
Vorwort: Juliane Steinbrecher, Köln; Melanie Zanin, Düsseldorf
Lektorat: Juliane Steinbrecher, Köln
Design: Melanie Zanin, Düsseldorf
Foodstyling: Christoph Maurer, Düsseldorf
Fotografie: Melanie Zanin, Düsseldorf,
Fotostyling: Melanie Zanin, Düsseldorf, Christoph Maurer, Düsseldorf

ISBN: 978-1-4723-0925-9
Printed in China

Inhalt

Vorwort

Zauber der Alpen

Traumhafte Bergkulisse, unbegrenzte Fernsicht, ursprüngliche Natur, frische Luft – wer kennt sie nicht, die Faszination der Alpenwelt? Ob nach ausgedehnten Wandertouren oder Skiabfahrten auf weißen Pisten: Die urigen Almhütten in Österreich, Tirol, Bayern oder der Schweiz halten zu jeder Jahreszeit eine Vielzahl an köstlichen regionalen Speisen und Erfrischungen für jeden Wanderer oder Skifahrer bereit.

Die Küche der Alpenländer ist geprägt von traditionellen Gerichten, lokalen Produkten, handwerklicher Herstellung – und natürlich von ein wenig Nostalgie. Gerne erinnern wir uns an so manchen Ausflug in die Berge, der bei einer zünftigen Brotzeit auf einer kleinen Bergalm endete. Dort, wo wir bei Schneegestöber in der warmen Hütte saßen und uns über dampfende Germknödel und süßen Kaiserschmarren freuten oder aber Berner Würstel mit einem kühlen Bier genossen, die uns Kraft für den Abstieg oder die nächste Abfahrt gaben. Egal welche Erinnerungen an die idyllische Alpenwelt uns auch begleiten, immer schwingt der Gedanke an die speziellen kulinarischen Besonderheiten mit.

Das vorliegende Hüttenkochbuch greift den traditionellen Charakter der Speisen auf, die durch ihre Einfachheit bestechen, ohne dabei das Besondere zu verlieren. Die hier vereinten Gerichte überzeugen durch ihre natürlichen Zutaten, die traditionellen Rezepte – und ihren ursprünglichen Geschmack. Das Buch präsentiert sowohl Highlights als auch regionale Raritäten der Alpenküche und bringt das beliebte Alpenflair in Ihre Küche. Die insgesamt 48 authentischen Rezepte verwenden die regionalen Bezeichnungen ihrer Hauptzutaten und bieten nicht nur Fleischliebhabern, sondern auch Vegetariern Anregungen für ein gelungenes rustikales Essen zu zweit oder mit Freunden.

Lassen Sie sich inspirieren von klassischen Brotzeiten wie Leberknödelsuppe, Radisalat oder Schweizer Käseschnitte, von deftigen Mahlzeiten wie Tiroler Speckknödel oder Brathendl oder auch von traditionellen Süßspeisen wie Palatschinken und Mohnstrudel. Begeben Sie sich auf eine kulinarische Reise in die Alpenwelt und genießen Sie den unverfälschten Geschmack ihrer Spezialitäten.

Wir wünschen „An Guadn“ und gutes Gelingen.

Servus!

Brotzeit & Vorspeisen

Reibgerstelsuppe

Zutaten

Reibgerstel

1 Ei
3 EL Mehl
2 EL Grieß
1 Prise Salz

Rinderbrühe

1 kg Rinderknochen, in 7,5 cm große Stücke gehackt
650 g Rinderschmorfleisch am Stück
3 l Wasser
4 Gewürznelken
2 Zwiebeln, halbiert
2 Selleriestangen, grob gehackt
4 Karotten, in Scheiben geschnitten
8 schwarze Pfefferkörner
1 Bouquet garni (Kräutersträußchen)
2 Karotten, in Stücke geschnitten
1 EL frisch gehackter Schnittlauch

4 Personen
3 Stunden, 50 Minuten
50 Minuten

Reibgerstel

1. Ei, Mehl, Grieß und Salz in eine Rührschüssel geben und mit den Händen zu einem festen Teig verkneten. Den Teig 1 Stunde ruhen lassen.

2. Den Teig mit einer groben Reibe auf ein bemehltes Küchentuch reiben. Die Reibgerstel auf dem Tuch 30 Minuten trocknen lassen.

3. Leicht gesalzenes Wasser in einem Topf zum Kochen bringen und die Reibgerstel darin 20 Minuten köcheln lassen.

4. Die fertigen Reibgerstel mit einem Schaumlöffel herausnehmen, abtropfen lassen, in eine Schüssel geben und zur weiteren Verwendung beiseitestellen.

Rinderbrühe

1. Die Knochen in einen Topf geben, das Fleisch hineinlegen und das Wasser darübergießen. Das Ganze langsam aufkochen lassen und den dabei entstehenden Schaum abschöpfen.

2. Je 1 Nelke in jede Zwiebelhälfte drücken und mit Sellerie, Karottenscheiben, Pfeffer und Kräutern zu der Fleischbrühe geben. Den Topf halb abdecken und alles 3 Stunden köcheln lassen.

3. Die Brühe durch ein Sieb in eine Schüssel abgießen. Die Brühe in einen Topf gießen, die Karottenstücke in die Brühe geben und noch mal aufkochen. Erneut etwa 30 Minuten bei mittlerer Hitze köcheln lassen.

4. 5 Minuten vor Ende der Kochzeit die Reibgerstel hineingeben. Die Suppe vor dem Servieren mit dem gehackten Schnittlauch bestreuen.

Mostrahmsuppe mit Schwarzbrotcroûtons

Zutaten

Mostrahmsuppe

100 g Bauchspeck (Scheibe)
1 Zwiebel
50 g Butter
50 g Mehl
500 ml Rinderbrühe
500 ml Birnenmost
150 g Sahne
Salz & Pfeffer
1 Prise frisch geriebene Muskatnuss
1 EL gehackter Schnittlauch
1 EL fein gehackte frische Petersilie

Schwarzbrotcroûtons

2 EL Butter
4 Scheiben Schwarzbrot
Salz & Pfeffer
1 Msp. gemahlener Kreuzkümmel

4 Personen
20 Minuten
30 Minuten

Mostrahmsuppe

1. Den Bauchspeck halbieren. Die Zwiebel schälen und klein hacken. Beides in einem Topf mit der Butter anschwitzen. Mit dem Mehl bestäuben.

2. Die Mehlschwitze mit Brühe und Birnenmost ablöschen, aufkochen und einige Minuten leicht köcheln lassen, bis das Ganze bindet.

3. Die Sahne zugießen, umrühren und noch einmal aufkochen lassen.

4. Den Speck herausnehmen und die Suppe mit einem Pürierstab pürieren. Mit Salz, Pfeffer und Muskatnuss abschmecken.

5. Die Suppe vor dem Servieren mit Petersilie, Schnittlauch und Croûtons garnieren.

Schwarzbrotcroûtons

In einer Pfanne 2 Esslöffel Butter zerlassen. Das Brot in Würfel schneiden und in der Butter rösten. Mit Salz, Pfeffer und Kreuzkümmel würzen.

Grießnockerl & Gebackene Leberknödel

Zutaten

Grießnockerl
50 g weiche Butter
1 Ei
80 g Weichweizengrieß
1 Prise frisch geriebene Muskatnuss
Salz & Pfeffer

Leberknödel
3 Semmeln vom Vortag
125 ml lauwarme Milch
20 g Schweineschmalz
1 Zwiebel, fein gehackt
250 g Kalbsleber, durch den Fleischwolf gedreht
1 Ei
1 Eigelb
Salz & Pfeffer
1 TL getrockneter Majoran
1 EL fein gehackte frische Petersilie
1 TL Senf
1 Prise frisch geriebene Muskatnuss
5 EL Semmelbrösel
250 g Butterschmalz, zum Ausbacken

je 4 Personen
je 15 Minuten
je 20 Minuten

Grießnockerl

1. Die Butter in einer Rührschüssel schaumig schlagen, das Ei hinzufügen und so lange rühren bis die Masse bindet. Den Grieß unterrühren und mit Muskatnuss, Salz und Pfeffer würzen. Den Teig mindestens 1 Stunde ruhen lassen.

2. Reichlich Salzwasser in einem großen Topf zum Kochen bringen. Mithilfe von 2 nassen Teelöffeln gleich große Nockerl aus dem Grießteig abstechen und in das siedende Wasser geben. Die Löffel zwischendurch in heißes Wasser tauchen.

3. Die Nockerl bei schwacher Hitze 15 Minuten ziehen lassen, dann mit einem Schaumlöffel herausnehmen.

Leberknödel

1. Die Semmeln in Scheiben schneiden, mit der Milch begießen und durchziehen lassen bis sie weich sind.

2. Das Schweineschmalz in einer Pfanne zerlassen und die Zwiebel darin glasig dünsten. In einer Schüssel die Leber mit den gedünsteten Zwiebeln vermengen. Die Semmelmasse zugeben und gut verkneten.

3. Ei, Eigelb, Salz, Pfeffer, Majoran, Petersilie, Senf und Muskatnuss hinzugeben und alles zu einem geschmeidigen Teig verkneten. Wenn die Masse sehr feucht ist, etwas von den Semmelbröseln unterkneten. Mit angefeuchteten Händen Knödel formen und diese in den Semmelbröseln wenden.

4. Das Butterschmalz in einer tiefen Pfanne zerlassen und die Knödel darin goldbraun ausbacken.

Tipp: Die Grießnockerl und die Leberknödel jeweils in Rinderbrühe servieren (s. S. 10).

Verhackertes vom Schwein

Zutaten

500 g geräucherter Speck
1 große Zwiebel
2 Knoblauchzehen
1 EL Schweineschmalz
80 g Kartoffeln, gekocht
1 TL getrockneter oder frisch gehackter Majoran
Salz & Pfeffer
1 Msp. Paprikapulver
Vinschgauer Brot oder Vollkornbrot zum Servieren
½ TL frisch gehackte Petersilie oder Dill, zum Garnieren

4 Personen
5 Minuten
45 Minuten

1. Den Räucherspeck in kleine Stücke schneiden. Zwiebel und Knoblauch schälen, fein würfeln und in einer Pfanne mit dem Schweineschmalz kurz anbraten. Danach auskühlen lassen.

2. Die Kartoffeln schälen und klein schneiden und mit Speck sowie Zwiebel- und Knoblauchwürfeln vermengen.

3. Die Masse durch einen Fleischwolf drehen oder in der Küchenmaschine grob mixen. Mit Majoran, Salz, Pfeffer und Paprikapulver würzen.

4. Auf frisch geröstetes Vinschgauer Brot oder Vollkornbrot streichen und mit frischen Kräutern bestreut servieren.

Eingemachter Kochkas

Zutaten

100 ml Milch
125 g Butter
400 g Quargel (Harzer Käse)
250 g Topfen (Magerquark)
1 Eigelb
Salz & Pfeffer
1 Msp. gemahlener Kreuzkümmel

4 Personen
5 Minuten
30 Minuten

1. Die Milch in einen Stieltopf gießen, die Butter zugeben und leicht erhitzen. Den Quargel in kleine Stücke schneiden und zugeben. Unter ständigem Rühren bei schwacher Hitze langsam in der Milch auflösen.

2. Die Masse noch einmal kurz aufkochen lassen. Dann vom Herd nehmen und den Quark sowie das Eigelb unterziehen.

3. Mit Salz, Pfeffer und Kreuzkümmel würzen.

4. Den Kochkas in kleine Schüsseln füllen und über Nacht im Kühlschrank ziehen lassen.

Tipp: Schmeckt sehr gut als Aufstrich zu geröstetem Brot oder zu Schüttelbrot.

Erdäpfelkas & Liptauer

Zutaten

Erdäpfelkas (Kartoffelkäse)

300 g mehlig kochende Kartoffeln, ungeschält
½ TL Kreuzkümmelsamen
1 Zwiebel
1 Bund Petersilie
1 Bund Schnittlauch
200 g Topfen (Quark)
200 g Sauerrahm
Salz & frisch gemahlener Pfeffer

Liptauer

250 g Topfen (Quark)
100 g Butter
100 g Frischkäse
1 Zwiebel
2 Essiggurken
1 EL gehackte eingelegte Kapern
1 EL edelsüßes Paprikapulver
½ TL gemahlener Kreuzkümmel
1 TL Senf
½ Bund Schnittlauch
Salz & Pfeffer

je 4 Personen
je 20 Minuten
je 45 Minuten

Erdäpfelkas

1. Die Kartoffeln zusammen mit den Kreuzkümmelsamen in Salzwasser weich kochen. Das Wasser abgießen und die Kartoffeln noch heiß schälen.

2. Die Zwiebel schälen und in feine Würfel schneiden. Die Kräuter waschen, trocken tupfen und fein hacken.

3. Die abgekühlten Kartoffeln mit einer Gabel zerdrücken. Topfen und Sauerrahm unter die Kartoffeln rühren. Zwei Drittel der Kräuter und die Zwiebelwürfel untermischen. Mit Salz und Pfeffer würzen.

4. Vor dem Servieren mit den restlichen Kräutern und Pfeffer bestreuen.

Liptauer

1. Den Topfen mit Butter und Frischkäse zu einer glatten Masse verrühren.

2. Die Zwiebel schälen und mit den Essiggurken in feine Würfel schneiden. Zusammen mit den Kapern unter die Topfenmasse rühren.

3. Die Masse mit Paprika, Kreuzkümmel und Senf würzen und mit Salz und Pfeffer abschmecken. Den Schnittlauch waschen, trocken tupfen, in feine Röllchen schneiden und den Liptauer vor dem Servieren damit bestreuen.

Tipp: Als Aufstrich zu Weißbrot, geröstetem Brot oder zu Schüttelbrot servieren.

Steirischer Kartoffelsalat

Zutaten

1 kg festkochende Kartoffeln ungeschält
½ EL Kreuzkümmelsamen
100 ml Brühe
3 EL Apfelessig
1 EL Senf
Salz, & Pfeffer
1 Prise Zucker
3 EL Kürbiskernöl
1 kleine Zwiebel
1 kleine Salatgurke
3 EL Kürbiskerne
fein gehackte frische Kräuter (Kresse, Schnittlauch oder Petersilie)

4 Personen
30 Minuten
45 Minuten

1. Die Kartoffeln waschen und in Salzwasser mit den Kreuzkümmelsamen weich kochen. Die Kartoffeln möglichst heiß schälen, in 4–5 mm dicke Scheiben schneiden und diese in eine Schüssel geben.

2. Für das Dressing die Brühe erhitzen, mit Essig und Senf verrühren und mit Salz, Pfeffer und Zucker abschmecken. Das Dressing nach und nach unter die Kartoffeln mischen, bis die Flüssigkeit vollständig aufgesogen ist. Das Kürbiskernöl zugeben und unterrühren.

3. Die Zwiebel schälen und klein hacken. Die Gurke schälen, der Länge nach halbieren und mithilfe eines Löffels die Kerne ausschaben. Dann in feine Scheiben schneiden. Beides unter den Salat mengen. Den Salat beiseitestellen und etwas durchziehen lassen.

4. Die Kürbiskerne in einer Pfanne ohne Öl rösten. Vor dem Servieren zusammen mit den fein gehackten Kräutern über den Salat streuen.

Tipp: Passt traditionell sehr gut zu Wiener Schnitzel, aber auch zu gebackenem Fisch (s. S. 62).

Rote-Bete-Salat, Bohnensalat & Salat vom schwarzen Radi

Zutaten

Rote-Bete-Salat
750 g Rote Bete
½ TL Kreuzkümmelsamen
50 ml Gemüsebrühe
4 EL Rotweinessig
4 EL Balsamicoessig
50 ml Olivenöl
Salz & Pfeffer
Zucker & gemahlener Kreuzkümmel
50 g Walnusskerne

Bohnensalat
600 g grüne Bohnen
1 rote Zwiebel, fein gewürfelt
100 ml Gemüsebrühe
4 EL Weißweinessig
Salz & Pfeffer
3 EL Rabsöl
4 EL Olivenöl

Salat vom schwarzen Radi
750 g schwarzer Radi (Rettich)
Salz & weißer Pfeffer
4 EL Apfelessig
4 EL Sonnenblumenöl
1 Prise Zucker

je 4 Personen

15 / 10 / 0 Minuten

je 30 Minuten

Rote-Bete-Salat

1. Die Rote Bete mit den Kreuzkümmelsamen in Salzwasser weich kochen. Kalt abschrecken, schälen und grob reiben.

2. Für das Dressing die Brühe erwärmen und mit beiden Essigsorten sowie dem Olivenöl verrühren. Mit Salz, Pfeffer, Zucker und Kreuzkümmel abschmecken. Das Dressing über die geriebenen Rote Bete geben und vermischen. 30 Minuten ziehen lassen.

3. Die Walnüsse vierteln, in einer Pfanne ohne Fett rösten und vor dem Servieren über den Salat streuen.

Bohnensalat

1. Die Bohnen waschen und putzen. In kochendem Wasser 4–5 Minuten blanchieren. Währenddessen die Zwiebelwürfel in ein Sieb geben und etwa 30 Sekunden in das kochende Wasser halten. Zwiebelwürfel und Bohnen mit Eiswasser abschrecken.

2. Die Gemüsebrühe erwärmen, den Essig hinzufügen, mit Salz und Pfeffer abschmecken. Die beiden Öle langsam einrühren. Das Dressing über die Bohnen und die Zwiebelwürfel geben und vermischen. 30 Minuten ziehen und abkühlen lassen.

Salat vom schwarzen Radi

1. Den Radi schälen und mit einer Reibe grob in eine Schüssel reiben. Mit Salz bestreuen, verrühren und abgedeckt etwa 20 Minuten ziehen lassen.

2. Essig und Öl hineinrühren und mit Salz, Pfeffer und Zucker abschmecken. Vor dem Servieren mit frisch gemahlenem Pfeffer bestreuen.

Radisalat mit Quargel

Zutaten

1 weißer Radi (Rettich)
1 Bund Radieschen
1 Kopfsalat
3 Frühlingszwiebeln
2 kleine Schalotten
4 Stück Quargel (Harzer Käse)
1 TL Kreuzkümmelsamen
½ Bund Dill
½ Bund Kerbel
½ Bund Petersilie
1 TL Senf
2 EL Weißweinessig
4 EL Gemüsebrühe
1 TL Walnussöl
2 EL Olivenöl
Salz & Pfeffer
1 Prise Zucker

4 Personen
0 Minuten
35 Minuten

1. Den Radi schälen und die Radieschen putzen und waschen. Beides in feine Scheiben schneiden.

2. Den Salat waschen und in kleine Stücke zerteilen. Die Frühlingszwiebeln waschen und in feine Ringe schneiden. Die Schalotten schälen und ebenfalls in feine Ringe schneiden.

3. Den Käse halbieren und mit den Kreuzkümmelsamen bestreuen. Die Kräuter waschen, trocken tupfen und grob hacken.

4. Für das Dressing Senf, Essig, Brühe, Walnuss- und Olivenöl verrühren und mit Salz, Pfeffer und Zucker abschmecken.

5. Die vorbereiteten Salatzutaten zusammen mit dem Käse auf einem Teller anrichten, mit den gehackten Kräutern bestreuen und mit dem Dressing beträufeln.

Tipp: Zu diesem Salat kann man sehr gut Vinschgauer Brot oder Schüttelbrot servieren.

Schweizer Käseschnitte

Zutaten

150 g Bergkäse (Appenzeller oder Emmentaler)
4 EL Mehl
150 ml Milch
3 Eier
Salz & Pfeffer
4 EL Butterschmalz
12 Grau- oder Weißbrotscheiben vom Vortag
frisch gehackte Kräuter, nach Belieben

4 Personen
5 Minuten
20 Minuten

1. Den Käse mit einer Reibe fein reiben. Mehl und Milch mit einem Schneebesen in einer Schüssel zu einem glatten Teig verrühren. Käse und Eier unterrühren. Mit Salz und Pfeffer würzen.

2. In einer großen Pfanne das Butterschmalz erhitzen. Die Brotscheiben von beiden Seiten in die Käse-Ei-Masse tauchen und in der Pfanne beidseitig goldbraun backen.

3. Die Brotscheiben aus der Pfanne nehmen und auf Küchenpapier abtropfen lassen.

4. Nach Belieben mit gehackten Kräutern bestreuen und mit frisch gemahlenem Pfeffer garnieren.

Tipp: Die Käseschnitten können sehr gut zum Rote-Bete-Salat, zum Bohnensalat oder zum Radisalat serviert werden (s. S. 24).

Fleisch, Fisch & Gemüse

Schupfnudelgröstl mit Schwein und Kürbis

Zutaten

Schupfnudeln
500 g gekochte mehlige Kartoffeln vom Vortag
1 Ei
Salz
1 Msp. frisch geriebene Muskatnuss
125 g Mehl

Gröstl
300 g Kürbis
2 rote Zwiebeln
1 Knoblauchzehe
300 g gekochte Kartoffeln, geschält
400 g gegartes Schweinefleisch (Reste vom Vortag)
400 g Schupfnudeln, gegart
4 EL Butterschmalz
Salz & Pfeffer
½ TL gemahlener Kreuzkümmel
abgeriebene Schale von ½ Zitrone
frische Kräuter, nach Belieben (Petersilie, Kerbel, Dill, Schnittlauch)
4 Frühlingszwiebeln
4 EL Kürbiskerne

4 Personen
25 Minuten
20 Minuten

Schupfnudeln

1. Die Kartoffeln schälen und durch eine Kartoffelpresse drücken. In einer Schüssel mit Ei, Salz und Muskatnuss vermengen. Nach und nach so viel Mehl unterkneten, dass ein glatter Teig entsteht.

2. Den Teig auf einer bemehlten Arbeitsfläche mit den Händen zu einer Rolle formen. Die Rolle in Stücke schneiden und diese zu fingerdicken Strängen formen.

3. Die Schupfnudeln schnell hintereinander in einen Topf mit kochendem Salzwasser geben. Bei mittlerer Hitze etwa 5 Minuten ziehen lassen. Die Nudeln sind gar, sobald sie an die Wasseroberfläche steigen. Mit einem Schaumlöffel aus dem Wasser nehmen und abtropfen lassen.

Gröstl

1. Den Kürbis waschen, entkernen, bei Bedarf schälen und in Würfel schneiden. Zwiebeln und Knoblauch ebenfalls schälen. Die Zwiebeln in Spalten und den Knoblauch in feine Scheiben schneiden. Kartoffeln und Schweinefleisch würfeln.

2. Das Butterschmalz in einer großen Pfanne erhitzen. Schupfnudeln, Kürbiswürfel, Schweinefleisch, Kartoffeln, Zwiebelspalten und Knoblauchscheiben darin nacheinander anbraten und so lange rösten, bis alles goldbraun ist. Zum Schluss alle gerösteten Zutaten vermengen und mit Salz, Pfeffer, Kreuzkümmel und Zitronenschale abschmecken.

3. Die Kräuter waschen, trocken tupfen und grob hacken. Die Frühlingszwiebeln waschen und in feine Ringe schneiden. Die Kürbiskerne in einer Pfanne ohne Fett rösten. Vor dem Serviern das Gröstl mit Frühlingszwiebeln, Kräutern und Kürbiskernen bestreuen.

Berner Würstel mit Bratkartoffeln

Zutaten

8 Berner Würstel oder Käsekrainer
200 g geräucherter Speck, in Scheiben
1 kg festkochende Kartoffeln, ungeschält
2 große Zwiebeln
½ Bund Petersilie
80 g Butterschmalz, plus etwas mehr zum Anbraten
Salz & Pfeffer
1 Prise gemahlener Kreuzkümmel

4 Personen
35 Minuten
20 Minuten

1. Falls keine original Berner Würstel beim Metzger zu bekommen sind, können Wiener mit Käsefüllung oder Käsekrainer verwendet werden. Die Würstel mit je 2–3 Scheiben geräuchertem Speck umwickeln.

2. Die Kartoffeln mit der Schale in gesalzenem Wasser weich kochen. In der Zwischenzeit die Zwiebeln schälen und in Ringe schneiden. Die Petersilie waschen, trocken tupfen und fein hacken.

3. Das Kartoffelwasser abgießen, die Kartoffeln noch warm schälen und in 5 mm dicke Scheiben schneiden.

4. Das Butterschmalz in einer großen Pfanne zerlassen. Die Kartoffelscheiben darin bei mittlerer Hitze rundherum knusprig braten. Nach etwa 10–15 Minuten die Zwiebelringe hinzugeben und mitrösten.

5. In der Zwischenzeit die Würstel in etwas Butterschmalz von beiden Seiten braten. Die Bratkartoffeln mit Salz, Pfeffer und Kreuzkümmel würzen und die gehackte Petersilie untermischen. Zusammen mit den Würsteln servieren.

Krustenbraten mit Krautsalat

Zutaten

Krustenbraten

2 EL Butterschmalz
1,5 kg Schweinebauch
500 ml Fleischbrühe
4 Knoblauchzehen
1 EL Kreuzkümmelsamen
Salz & Pfeffer

Krautsalat

600 g Weißkohl
1 Zwiebel
1 EL Salz
3 EL Zucker
1 EL Pfeffer
80 ml Weißweinessig, plus eventuell etwas mehr
4 EL Pflanzenöl
1 TL Kreuzkümmelsamen, nach Belieben

4 Personen
3 Stunden, 30 Minuten
40 Minuten

Krustenbraten

1. Den Backofen auf 160 °C vorheizen. Das Butterschmalz im Bräter oder in einer großen ofenfesten Pfanne erhitzen. Den Schweinebauch darin zunächst auf der Fleischseite anbraten und wieder herausnehmen. Die Brühe in den Bräter gießen und das Fleisch mit der Schwarte nach unten hineinlegen. Im Backofen auf mittlerer Schiene 1 Stunde garen.

2. Das Fleisch aus dem Bräter nehmen und die Schwarte mit einem scharfen Messer im Zentimeterabstand einschneiden. Den Knoblauch schälen und durch eine Knoblauchpresse drücken. Die Kreuzkümmelsamen zerstoßen und mit dem Knoblauch zu einer Paste vermischen. Den Braten damit einreiben, mit Salz und Pfeffer würzen und mit der Schwartenseite nach oben zurück in den Bräter legen.

3. Den Braten bei 180 °C weitere 2 Stunden im Backofen auf mittlerer Schiene garen. 20–30 Minuten vor Ende der Garzeit die Ofentemperatur auf 220 °C erhöhen und das Fleisch im Bräter auf der unteren Schiene knusprig braten. Den Krustenbraten in Scheiben schneiden und mit dem Krautsalat servieren.

Krautsalat

1. Den Kohlkopf halbieren, äußere Blätter und Strunk entfernen und in feine Streifen schneiden oder hobeln. Die Zwiebel schälen und fein hacken.

2. Zwiebel, Salz, Zucker, Pfeffer, Essig und Öl in einer Schüssel verrühren und nach Belieben die Kreuzkümmelsamen zugeben. Das Kraut hineingeben und vermengen. Nach Geschmack noch etwas Essig hinzufügen.

3. Den Krautsalat gut 2 Stunden ziehen lassen, dabei regelmäßig umrühren. Falls zu viel Flüssigkeit entsteht, kann diese abgegossen werden.

Zwiebelrostbraten

Zutaten

Öl, zum Einfetten
8 Scheiben Rinderfilet à 80 g
Salz, & Pfeffer
2 EL Öl
700 ml Rinderbrühe (s. S. 10)
3 Zwiebeln
150 g Champignons
3 EL Butter
2 TL Tomatenmark
200 ml trockener Weißwein
150 g Sahne
1 kleines Bund Petersilie
Röstzwiebeln, zum Bestreuen

4 Personen

1 Stunde, 20 Minuten

30 Minuten

1. Zwei Stücke Frischhaltefolie leicht einölen. Das Fleisch zwischen die Folien legen und mit der flachen Seite eines Fleischklopfers flach klopfen. Die Folien entfernen und die Fleischscheiben mit Salz und Pfeffer würzen.

2. Das Öl in einer Pfanne erhitzen und das Fleisch darin bei mittlerer Hitze von beiden Seiten anbraten. Das Fleisch aus der Pfanne nehmen, das Fett abgießen und den Bratensatz mit der Brühe ablöschen, sodass ein Bratenfond entsteht.

3. Die Zwiebeln schälen, halbieren und in feine Scheiben schneiden. Die Champignons putzen, trocken abreiben und in 5 mm dicke Scheiben schneiden. Die Butter in einer Schmorpfanne zerlassen und die Zwiebeln darin bei mittlerer Hitze hell bräunen. Das Tomatenmark unterrühren und kurz aufkochen. Mit dem Weißwein ablöschen und einköcheln lassen.

4. Den Bratenfond in die Schmorpfanne geben und aufkochen lassen. Das Fleisch hineinlegen und bei geringer Hitze etwa 1 Stunde weich schmoren.

5. 10 Minuten vor Ende der Garzeit Champignons und Sahne hinzufügen. Noch mal aufkochen und etwas ziehen lassen. Mit Salz und Pfeffer abschmecken. Die Petersilie waschen und fein hacken. Den Braten vor dem Servieren mit Petersilie und Röstzwiebeln bestreuen.

Tipp: Zum Zwiebelrostbraten passen sehr gut Salzkartoffeln mit Petersilie.

Lamm-Stielkoteletts mit Polenta und Rote Beten

Zutaten

500 ml Gemüsebrühe
500 ml Milch
1 Lorbeerblatt
150 g Polenta (Maisgrieß)
4 EL Butter
Salz & Pfeffer
1 Msp. frisch geriebene Muskatnuss
4 große oder 8 kleinere Rote Beten
Olivenöl, zum Einreiben
1 TL gemahlener Kreuzkümmel
12 Lamm-Stielkoteletts à 80 g
2 EL Butterschmalz
4 Knoblauchzehen
8 Zweige Rosmarin

4 Personen
60 Minuten
30 Minuten

1. Für die Polenta die Brühe mit Milch und Lorbeerblatt in einen Topf geben und aufkochen. Die Polenta einrieseln lassen und unter ständigem Rühren 5–10 Minuten köcheln. Die Butter unterrühren und mit Salz und Muskatnuss abschmecken.

2. Den Backofen auf 200 °C vorheizen. Die Rote Beten gründlich waschen, den Stielansatz abschneiden, schälen und vierteln. Die Viertel mit etwas Olivenöl einreiben, mit Salz, Pfeffer und Kreuzkümmel bestreuen und auf ein mit Backpapier belegtes Backblech legen. Dann 40 Minuten im Ofen backen (sie sind durchgegart, wenn man einen Holzspieß leicht bis zur Mitte einstechen kann).

3. In der Zwischenzeit die Stielkoteletts mit kaltem Wasser abwaschen und gut abtropfen lassen. Das Butterschmalz in einer heißen Pfanne zerlassen und die Koteletts darin von jeder Seite 2–3 Minuten scharf anbraten. Dann die Hitze reduzieren, Knoblauchzehen sowie Rosmarinzweige zugeben und weitere 1–2 Minuten mitbraten.

4. Die Koteletts aus der Pfanne nehmen, mit Salz und Pfeffer würzen und zusammen mit der Polenta und den Rote Beten auf Tellern anrichten. Nach Belieben die Koteletts mit etwas Bratfett beträufeln.

Rehrücken mit Kräuterkruste

Zutaten

Rehrücken

1,5 kg Rehrücken am Knochen
Salz & Pfeffer
40 g körniger Senf
Öl, zum Einfetten

Kräuterkruste

4 Zweige Thymian
5 Blätter Salbei
4 Zweige Rosmarin
1 kleiner Bund Petersilie
2 Knoblauchzehen
1 Zwiebel
200 g Butter
abgeriebene Schale von 1 Zitrone
120 g Semmelbrösel
1 Eigelb
Salz & Pfeffer

4 Personen
1 Stunde, 20 Minuten
45 Minuten

1. Den Backofen auf 220 °C vorheizen. Den Rehrücken waschen, trocken tupfen und auf beiden Seiten des Rückgrats etwa 3 cm tief am Knochen entlang einschneiden. Das Fleisch salzen, pfeffern und mit dem Senf bestreichen.

2. Die Kräuter waschen, trocken tupfen, die Blätter von den Stielen zupfen und fein hacken. Knoblauch und Zwiebel schälen und fein würfeln. Die Butter schaumig schlagen und Kräuter, Knoblauch- und Zwiebelwürfel, Zitronenschale, Semmelbrösel und Eigelb untermischen. Mit Salz und Pfeffer würzen.

3. Die Filets des Rehrückens aufklappen und die Kräutermischung gleichmäßig erst in die Einschnitte und dann auf die Filets streichen.

4. Ein Backblech mit etwas Öl einpinseln. Den Rehrücken daraufsetzen und im Backofen auf mittlerer Schiene 12–15 Minuten überbacken, dann 2 Minuten den Backofengrill dazuschalten. Das Fleisch 5 Minuten im ausgeschalteten Backofen ruhen lassen. Dann vorsichtig von den Knochen lösen und in Scheiben schneiden.

Tipp: Als Beilage eignen sich Karotten, Porree, Rotkohl oder Rosenkohl sowie Kartoffelpüree.

Gekochtes Rindfleisch mit Semmelkren

Zutaten

Gekochtes Rindfleisch

2,5 l Wasser
1,5 kg Rindfleisch (Tafelspitz, Beinscheibe, Hohe Rippe oder Falsches Filet)
2 große Zwiebeln
150 g Sellerieknolle
2 Karotten
½ Porreestange
1 Lorbeerblatt
½ TL Pfefferkörner
3 Wacholderbeeren
Salz
2 EL Schnittlauchröllchen
2 EL frisch geriebener Kren (Meerrettich)

Semmelkren

2 Semmeln vom Vortag
125 ml Rinderbrühe (s. S. 10)
2 EL frisch geriebener Kren (Meerrettich)
2 EL steif geschlagene Sahne
Salz & Pfeffer
etwas Zitronensaft

4 Personen
3 Stunden
40 Minuten

Gekochtes Rindfleisch

1. Das Wasser in einem großen Topf zum Kochen bringen. Das Fleisch zugeben und etwa 3 Stunden bei schwacher Hitze mehr ziehen als kochen lassen. Den entstehenden Schaum immer wieder abschöpfen.

2. Zwiebeln, Sellerieknolle und Karotten schälen, die Porreestangen waschen und alles in 1 cm große Stücke bzw. Scheiben schneiden. Das Gemüse nach 2 ½ Stunden Garzeit zum Fleisch geben. Lorbeerblatt, Pfeffer und Wacholderbeeren hinzufügen. Die Brühe mit Salz würzen.

3. Nach der Garzeit das Rindfleisch mit Brühe und Gemüse auf Tellern anrichten und mit Schnittlauch und Kren bestreuen. Zusammen mit dem Semmelkren servieren.

Semmelkren

1. Die Rinde der Semmeln entfernen und die Semmeln in kleine Würfel schneiden. Einige Minuten in der heißen Brühe einweichen. Den frisch geriebenen Kren hinzufügen und alles gut verrühren.

2. Die geschlagene Sahne unterheben und alles mit Salz, Pfeffer und Zitronensaft abschmecken. Den Semmelkren bis zum Verzehr warm halten.

Tipp: Dazu passen Salzkartoffeln mit Petersilie.

Kalbsbäckchen in Rotwein mit Mehlknödeln

Zutaten

Kalbsbäckchen

3 EL Öl
12 Kalbsbäckchen à 150 g
2 Zwiebeln
1 Karotte
1 Petersilienwurzel
100 g Sellerieknolle
1 Knoblauchzehe
1 EL Tomatenmark
300 ml Rotwein
1 l Rinderbrühe
abgeriebene Schale von ½ Zitrone
3–4 Zweige Rosmarin
eventuell Saucenbinder
Salz & Pfeffer

Mehlknödel

500 ml Milch
250 ml Wasser
750 g Mehl
1 Prise Salz

4 Personen

3 Stunden, 40 Minuten

40 Minuten

Kalbsbäckchen

1. Das Öl in einen Schmortopf oder Bräter erhitzen und die Kalbsbäckchen darin bei mittlerer Hitze rundherum anbraten und wieder herausnehmen. Das Gemüse schälen und in etwa 1 cm große Würfel schneiden. Die Knoblauchzehe ebenfalls schälen und halbieren. Alles zusammen in den Topf geben und kräftig anrösten. Das Tomatenmark einrühren, kurz mitgaren, dann mit dem Rotwein ablöschen und einköcheln lassen.

2. Mit der Brühe auffüllen und die Kalbsbäckchen zurück in den Schmortopf geben. Die Bäckchen sollten vollständig mit Flüssigkeit bedeckt sein. Den Deckel so auflegen, dass ein Spalt offen bleibt. Bei mittlerer Hitze etwa 3 Stunden weich schmoren. Den Deckel nach 2 Stunden abnehmen.

3. Nach der Garzeit die weichen Bäckchen aus dem Topf nehmen. Zitronenschale und Rosmarinzweigen zum Garsud in den Topf geben und einköcheln lassen. Bei Bedarf mit etwas Saucenbinder eindicken. Mit Salz und Pfeffer abschmecken.

4. Nach Belieben die Sauce durch ein Sieb passieren oder mit dem Schmorgemüse zusammen zu Kalbsbäckchen und Mehlknödeln servieren.

Mehlknödel

1. Die Milch mit dem Wasser in einem Topf zum Sieden bringen. Das Mehl und etwas Salz nach und nach in die heiße Flüssigkeit einrühren und abkühlen lassen.

2. Aus dem Teig kleine Knödel formen und diese in Salzwasser mehr ziehen als kochen lassen. Die Knödel sind fertig, wenn sie an die Oberfläche aufsteigen. Mit dem Schaumlöffel aus dem Wasser heben, abtropfen lassen und zum Fleisch servieren.

Hirschgulasch mit Semmelknödeln

Zutaten

Hirschgulasch

1 kg Hirschgulasch aus der Keule
Salz & Pfeffer
100 g Karotten
50 g Sellerieknolle
2 Zwiebeln
2 Knoblauchzehen
2 EL Butterschmalz
1 l kräftiger Rotwein
200 ml Crème de Cassis
4 Wacholderbeeren
1 kleines Stück Speckschwarte
10 g Zartbitterschokolade
1 EL Zucker
Kartoffelstärkemehl, zum Binden

Semmelknödel

4 Semmeln
125 ml lauwarme Milch
2 Eier
2 EL Mehl
Salz & Pfeffer
1 Prise frisch geriebene Muskatnuss

4 Personen

1 Stunde, 20 Minuten

60 Minuten

Hirschgulasch

1. Das Fleisch mit Salz und Pfeffer würzen. Karotten, Sellerie und Zwiebeln schälen und in Würfel schneiden. Den Knoblauch ebenfalls schälen und durch eine Knoblauchpresse drücken.

2. In einem großen Schmortopf das Butterschmalz erhitzen und das Fleisch darin rundherum scharf anbraten. Das Gemüse hinzugeben und mit Rotwein und Cassis ablöschen. Wachholderbeeren, Speckschwarte, Schokolade, gepressten Knoblauch und Zucker einrühren. Bei geschlossenem Deckel etwa 1 Stunde leicht kochen lassen.

3. Etwas Kartoffelstärkemehl mit wenig Wasser glatt rühren und so viel in den Fond einrühren, dass die Flüssigkeit leicht gebunden wird. Mit Salz und Pfeffer abschmecken.

Semmelknödel

1. Die Semmeln in kleine Würfel schneiden und die lauwarme Milch über die Würfel gießen. Eier und Mehl unter die Masse heben und mit Salz, Pfeffer und Muskatnuss würzen. Den Teig zu einem großen Knödel zusammendrücken und etwa 30 Minuten ruhen lassen.

2. Mit angefeuchteten Händen aus dem Teig 8 kleine Knödel formen und diese abgedeckt in gesalzenem Wasser 6–8 Minuten knapp unter dem Siedepunkt gar ziehen lassen. Mit dem Schaumlöffel aus dem Wasser heben, abtropfen lassen und zum Gulasch servieren.

Tipp: Für etwas süßlichere Briocheknödel verwendet man Brioche anstelle von Semmeln.

Brathendl mit Kräuterknödelfüllung

Zutaten

2 Zwiebeln
1 Bund Petersilie
2 Semmeln
6 EL Butter
2 Eier
Salz & Pfeffer
1 Msp. frisch geriebene Muskatnuss
1 Karotte
100 g Sellerieknolle
1 Brathuhn à 1,5 kg
Küchengarn und große Nadel bzw. 3 kleine Holzspieße
2 EL Öl
100 ml helles Bier
300 ml Hühnerbrühe
1 TL Thymianblätter

4 Personen
1 Stunde, 20 Minuten
45 Minuten

1. Die Zwiebeln schälen, eine davon klein würfeln, die andere in etwa 1 cm große Stücke schneiden. Die Petersilie waschen, trocken schütteln und fein hacken. Die Semmeln in kleine Würfel schneiden.

2. 4 Esslöffel Butter in einer Pfanne zerlassen und die Semmelwürfel darin bei mittlerer Hitze anrösten. Zwiebelwürfel und Petersilie dazugeben und kurz mitbraten. In eine Schüssel füllen, kurz abkühlen lassen und die Eier untermischen. Die Füllung mit Salz, Pfeffer und Muskatnuss würzen, dann etwa 15 Minuten durchziehen lassen.

3. Karotte und Sellerieknolle schälen und in 1 cm dicke Scheiben bzw. Würfel schneiden. Das Brathuhn mit kaltem Wasser abbrausen, trocken tupfen und innen und außen mit Salz und Pfeffer einreiben. Den Backofen auf 200 °C vorheizen.

4. Die Füllung in das Brathuhn geben, die Öffnung mit Küchengarn zunähen oder mit kleinen Holzspießen verschließen. Übrige Butter und Öl in einem großen Bräter auf der Herdplatte erhitzen. Das Brathuhn darin rundherum anbraten. Zwiebelstücke, Sellerie und Karotte hinzugeben und kurz anbraten. Das Bier eingießen. Das Brathuhn im Ofen auf unterer Schiene 45 Minuten braten. Dabei immer wieder mit der Brühe übergießen.

5. Dann den Bräter auf die mittlere Schiene stellen. Das Brathuhn etwa 15 Minuten gar und knusprig braten, dabei immer wieder mit dem Bratensaft beträufeln. Zum Ende der Garzeit mit Thymianblättern, Salz und Pfeffer bestreuen und würzen.

6. Das Brathuhn aus dem Bräter nehmen, zerteilen und samt der Füllung auf die Teller verteilen. Mit Bratensauce und Gemüse servieren.

Krautfleckerl & Schinkenfleckerl

Zutaten

Krautfleckerl

400 g Fleckerl, Nudelreste oder grob zerbrochene Lasagneblätter
500 g Weißkohl
3 EL Schweineschmalz
2 kleine Zwiebeln
1 Knoblauchzehe
250 ml Rinderbrühe (s. S. 10)
1 TL frisch gemahlener Kreuzkümmel
Salz & Pfeffer
2 EL frisch gehackte Petersilie

Schinkenfleckerl

400 g Fleckerl, Nudelreste oder grob zerbrochene Lasagneblätter
150 g gekochter Schinken
2 rote Zwiebeln
1 Knoblauchzehe
2 Frühlingszwiebeln
2 EL Butterschmalz
100 ml Rinderbrühe (s. S. 10)
Salz & Pfeffer
2 EL frisch gehackte Petersilie

je 4 Personen
je 20 Minuten
je 20 Minuten

Krautfleckerl

1. Die Nudeln in Salzwasser bissfest kochen, abgießen und warm stellen. Den Kohl vierteln, äußere Blätter und Mittelstrunk entfernen und in Streifen schneiden. Das Schmalz in einem Topf erhitzen und das Kraut darin weich dünsten. Zwiebeln und Knoblauch schälen, fein würfeln und mitdünsten.

2. Die Rinderbrühe zum Kraut geben, mit Kreuzkümmel, Salz und Pfeffer würzen und das Ganze etwa 15 Minuten garen lassen. Die Nudeln unterheben. Nochmals abschmecken und mit Petersilie bestreut servieren.

Schinkenfleckerl

1. Die Nudeln in Salzwasser bissfest kochen, abgießen und warm stellen. Den Schinken in kleine Würfel schneiden. Zwiebeln und Knoblauch schälen, halbieren und in feine Scheiben schneiden. Die Frühlingszwiebeln waschen, trocken tupfen und in feine Ringe schneiden.

2. Das Butterschmalz in einem Topf erhitzen. Schinken, Zwiebeln und Knoblauch darin bei mittlerer Hitze anbraten. Mit der Brühe auffüllen und kurz aufkochen. Nudeln und Frühlingszwiebeln unterheben. Mit Salz und Pfeffer abschmecken und mit der Petersilie bestreut servieren.

Tiroler Speckknödel auf Bohnengemüse

Zutaten

Speckknödel
6 Semmeln vom Vortag
250 g Tiroler Speck (ohne Schwarte)
1 Zwiebel
1 kleines Bund Petersilie
50 g Butter
250 ml Milch
2 Eier
60 g Mehl
Salz & Pfeffer
1 Msp. Muskatnuss

Bohnengemüse
500 g Bohnen
1 Stängel Bohnenkraut
1 große Zwiebel
1 Knoblauchzehe
30 g Butter
30 g Mehl
Salz & Pfeffer

4 Personen
45 Minuten
40 Minuten

Speckknödel

1. Semmeln und Speck in kleine Würfel schneiden. Die Zwiebel schälen und fein würfeln. Die Petersilie waschen, trocken tupfen und fein hacken.

2. Die Butter in einer Pfanne zerlassen. Speck- und Zwiebelwürfel darin anbraten und die Petersilie kurz mitdünsten. Vom Herd nehmen. Die Milch in einem Topf erwärmen und über die Semmelwürfel gießen. Eier und Mehl hinzugeben und alles gut verrühren. Mit Salz, Pfeffer und Muskatnuss würzen. Die Speckmischung unterrühren. Die gut vermengte Knödelmasse 30 Minuten durchziehen lassen.

3. In einem großen Topf Salzwasser zum Kochen bringen. Mit angefeuchteten Händen aus dem Knödelteig 8 gleich große Knödel formen und in das kochende Wasser legen. Bei schwacher Hitze ohne Deckel 15–20 Minuten gar ziehen lassen.

4. Die fertigen Knödel mit einem Schaumlöffel aus dem Wasser heben, abtropfen lassen und mit dem Bohnengemüse servieren.

Bohnengemüse

1. Die Bohnen waschen, den Stiel sowie das Ende entfernen und halbieren. Zusammen mit dem Bohnenkraut in Salzwasser weich kochen. Die Bohnen herausheben und den Bohnensud beiseitestellen.

2. Zwiebel und Knoblauch schälen und in kleine Würfel schneiden. Die Butter in einem Topf erhitzen und Zwiebel- und Knoblauchwürfel darin anbraten. Das Mehl unterrühren und leicht bräunen. So viel Bohnensud zugießen, bis die Flüssigkeit bindet und eine sämige Sauce entsteht. 5–10 Minuten köcheln lassen. Dann die Bohnen zugeben und mit Salz und Pfeffer abschmecken.

Grammelknödel auf warmem Krautsalat

Zutaten

Grammelknödel
150 g Grammeln (Grieben)
1 kleine Zwiebel
1 Knoblauchzehe
150 g Butter
Salz & Pfeffer
2 EL frisch gehackte Petersilie
500 g gekochte mehlige Kartoffeln vom Vortag
120 g Mehl
30 g Grieß
4 Eigelb
1 Prise Muskatnuss
zerlassene Butter, nach Belieben

Warmer Krautsalat
500 g Weißkohl
1 kleine Zwiebel
1 EL Rapsöl
150 ml Gemüsebrühe
3 EL Apfelessig
Salz & Pfeffer
gemahlener Kreuzkümmel

16 Knödel

25 Minuten

40 Minuten

Grammelknödel

1. Für die Füllung die Grammeln fein hacken. Zwiebel und Knoblauch schälen und beides fein hacken. 100 g Butter in einer Pfanne zerlassen, darin Grammeln, Zwiebel sowie Knoblauch kurz anbraten. Mit Salz, Pfeffer und Petersilie würzen. Von der Herdplatte nehmen, abkühlen lassen und beiseitestellen.

2. Die restliche Butter zerlassen. Die bereits geschälten Kartoffeln für den Knödelteig fein reiben und mit Mehl, Grieß, Eigelb, zerlassener Butter, Salz, Pfeffer und Muskatnuss zu einem glatten Teig verkneten. Aus dem Teig eine Rolle von etwa 5 cm Durchmesser formen. Diese in etwa 16 Stücke schneiden und daraus Knödel formen. In jeden Knödel eine Mulde drücken und 1 Esslöffel Grammeln hineingeben. Den Knödel wieder rund formen.

3. Einen Topf mit Salzwasser zum Kochen bringen. Die Knödel hineingeben und etwa 10 Minuten ziehen lassen. Mit einem Schaumlöffel aus dem Wasser nehmen und abtropfen lassen. Nach Belieben mit zerlassener Butter und mit dem warmen Krautsalat servieren.

Warmer Krautsalat

Den Kohl waschen und fein hobeln. Die Zwiebel schälen und fein würfeln. Das Öl in einem Topf erhitzen. Das gehobelte Kraut mit den Zwiebelwürfeln darin andünsten. Mit Brühe und Essig ablöschen und etwas einkochen lassen. Mit Salz, Pfeffer und Kreuzkümmel abschmecken.

Tipp: Nach Belieben können zusätzlich Speckwürfel in einer Pfanne angeröstet und unter den Krautsalat gemischt werden.

Leberwurstbratäpfel

Zutaten

4 Äpfel
1 Zwiebel
3 EL Butter
200 g grobe Leberwurst
verschiedene frische Kräuter,
z. B. Oregano, Thymian,
Liebstöckel, Petersilie

4 Personen
35 Minuten
25 Minuten

1. Den Backofen auf 180 °C vorheizen. Die Äpfel waschen und das obere Achtel als Deckel abschneiden und aufbewahren. Nun die Kerngehäuse der Äpfel entfernen. Die Zwiebel schälen und fein würfeln.

2. 1–2 Esslöffel Butter in einer Pfanne zerlassen. Die Leberwurst zerkleinern und mit den Zwiebelwürfeln in der Pfanne kurz anbraten. Die Kräuter waschen, trocken tupfen und fein hacken. Mit der Leberwurstmischung verrühren. Die Äpfel mit der Masse füllen und die Deckel wieder aufsetzen.

3. Die Äpfel mit der restlichen weichen Butter rundherum einpinseln und in eine Auflaufform geben. Im Backofen etwa 30 Minuten braten, bis die Äpfel weich sind.

Forelle blau auf Sauerkraut

Zutaten

3 Schalotten
500 ml Wasser
4 schwarze Pfefferkörner
1 kleines Lorbeerblatt
4 EL Weißweinessig
1 EL Zucker
1 Prise Salz
7 EL Butter
300 g Sauerkraut
1 mehlig kochende Kartoffel
100 ml qualitativ hochwertiger Weißwein
4 frische Forellenfilets, küchenfertig
1 Msp. Cayennepfeffer
1 kleines Bund Schnittlauch

4 Personen
20 Minuten
25 Minuten

1. Die Schalotten schälen, grob zerkleinern, in einen großen Topf geben und mit Wasser aufgießen. Pfefferkörner, Lorbeerblatt, Essig, Zucker und Salz zugeben und alles aufkochen.

2. Für das Sauerkraut 1 Esslöffel Butter in einem Topf erhitzen und das Sauerkraut dazugeben. Die Kartoffel schälen und mit einer feinen Reibe darübergeben. Den Weißwein zugießen und das Kraut zugedeckt 5–10 Minuten bei schwacher Hitze ziehen lassen. 2 Esslöffel Butter in einem kleinen Topf erhitzen bis sie bräunt. Über das Sauerkraut gießen und alles gut durchmischen.

3. Die Forellenfilets in je 3 Stücke schneiden. Die Stücke in die Schalottenbrühe legen und zugedeckt etwa 7 Minuten unter dem Siedepunkt gar ziehen lassen.

4. Das Sauerkraut erneut abschmecken und auf Teller verteilen. Den Fisch aus der Brühe heben und auf dem Kraut anrichten.

5. Etwa die Hälfte der Schalottenbrühe aufkochen und 5 Esslöffel Butter darin zerlassen. Mit Cayennepfeffer und Salz abschmecken. Den Schnittlauch waschen und fein schneiden. Etwas von der Sauce über den Fisch und das Kraut gießen und mit Schnittlauch bestreut servieren.

Gebackene Saiblinge

Zutaten

1 Zitrone
1 kleines Bund Thymian oder Rosmarin
4 Saiblinge à 300 g, küchenfertig
Salz & Pfeffer
4 EL Mehl
4 EL Sonnenblumenöl
400 g Karotten
2 EL Butter
1 EL Honig
4 EL zerlassene Butter

4 Personen
35 Minuten
30 Minuten

1. Den Backofen auf 180 °C vorheizen. Die Zitrone in Scheiben schneiden. Die Kräuter waschen und trocken tupfen. Die Saiblinge innen und außen waschen und trocken tupfen. Die Bauchhöhle der Saiblinge salzen und mit je zwei halbierten Zitronenscheiben und den Kräuterzweigen füllen. Das Mehl auf einen Teller geben und die Saiblinge darin wenden.

2. Das Öl in einer Pfanne erhitzen und die Saiblinge darin bei mittlerer Hitze von beiden Seiten anbraten. Die Fische auf ein mit Backpapier ausgelegtes Blech legen und im Backofen etwa 15 Minuten garen.

3. In der Zwischenzeit die Karotten schälen, in schmale Streifen schneiden und in einer Pfanne zusammen mit Butter und Honig sanft etwa 10 Minuten dünsten. Mit Salz und Pfeffer abschmecken.

4. Nach der Garzeit die Fische aus dem Ofen nehmen, mit der zerlassenen Butter begießen, mit Salz und Pfeffer bestreuen und mit den glasierten Karotten servieren.

Tipp: Dazu passen Stampfkartoffeln mit Schnittlauch, Salzkartoffeln mit Petersilie oder Kartoffelsalat (s. S. 22).

Rösti mit gebratenen Birnen und Bergkäse

Zutaten

1 kg festkochende Kartoffeln
4 Eigelb
Salz & Pfeffer
1 Msp. frisch geriebene Muskatnuss
5 EL Butterschmalz, plus etwas mehr zum Braten
4 Birnen
2 TL Puderzucker
200 Bergkäse

4 Personen
30 Minuten
30 Minuten

1. Die Kartoffeln waschen, schälen und in feine Streifen raspeln. Die Kartoffelstreifen mit den Händen gut ausdrücken und in eine Schüssel geben. Das Eigelb untermischen und mit Salz, Pfeffer und Muskatnuss würzen.

2. Das Butterschmalz in einer Pfanne erhitzen. Mit einem Löffel etwas Kartoffelmasse in die Pfanne geben und zu Küchlein von etwa 6 cm Durchmesser flach drücken. Die Unterseite der Küchlein etwa 4 Minuten goldbraun braten, wenden und die zweite Seite etwa 4 Minuten braten. Die Rösti aus der Pfanne nehmen und auf Küchenpapier abtropfen lassen. Mit der restlichen Masse ebenso verfahren und anschließend die Rösti warm stellen.

3. Während die Rösti braten, die Birnen waschen, vierteln und nach Belieben entkernen. In einer zweiten Pfanne etwas Butterschmalz erhitzen, die Birnen hineinlegen, mit dem Puderzucker bestreuen und von allen Seiten goldgelb anbraten.

4. Den Bergkäse reiben und auf den noch heißen Rösti verteilen. Mit den Birnen servieren.

Tipp: Zu den Rösti kann auch sehr gut Apfelkompott serviert werden (s. S. 80).

Klassische Käsespätzle

Zutaten

500 g Mehl
5 Eier
150–200 ml Wasser
1 TL Salz
250 g Emmentaler
2 Zwiebeln
100 g Butterschmalz
2 EL Butter
Salz & Pfeffer

4 Personen
15 Minuten
30 Minuten

1. Mehl, Eier, Wasser und Salz in eine Schüssel geben und vermengen. So lange mit einem Schneebesen durchschlagen, bis der Teig Blasen wirft. Die Schüssel abdecken und den Teig 30 Minuten ruhen lassen.

2. Den Käse reiben. Die Zwiebeln schälen und in dünne Ringe schneiden. Das Butterschmalz in einer Pfanne erhitzen und die Zwiebelringe darin goldbraun braten.

3. In einem großen Topf Salzwasser aufkochen. Jeweils etwas Teig auf ein Schneidebrett geben und mit einem Spätzleschaber oder einem kleinen Messer rasch kleine Stücke vom Teig direkt in das kochende Wasser schaben. Sobald die Spätzle an die Wasseroberfläche steigen, sind sie gar.

4. Die Spätzle mit einem Schaumlöffel aus dem Wasser nehmen, in ein Sieb geben und kurz mit kaltem Wasser abbrausen.

5. In einer Pfanne die Butter zerlassen und die Spätzle darin kurz schwenken. Den geriebenen Käse darübergeben, mit Salz und Pfeffer abschmecken,vermengen und bei aufgelegtem Deckel den Käse schmelzen lassen.

6. Zum Schluss die gerösteten Zwiebeln über die Spätzle geben und sofort servieren.

Kaspressknödel

Zutaten

4 Semmeln
2 Eier
250 ml Milch
Salz & Pfeffer
Muskatnuss
1 Zwiebel
1 EL Butter
200 g würziger Käse (Pinzgauer oder Tilsiter)
2 gekochte Kartoffeln
Mehl, zum Binden
Butterschmalz, zum Ausbacken

ca. 10 Knödel

20 Minuten

35 Minuten

1. Die Semmeln in kleine Würfel schneiden und in eine Schüssel geben. Die Eier mit der Milch verquirlen und über die Semmeln gießen. Etwas durchziehen lassen und vermengen. Mit Salz, Pfeffer und Muskatnuss würzen.

2. Die Zwiebel schälen und klein hacken. Die Butter in einer Pfanne erhitzen und die Zwiebel darin anrösten. Den Käse in kleine Würfel schneiden.

3. Die gekochten Kartoffeln reiben, mit Käsewürfeln und gehackter Zwiebel zur Semmelmasse geben und alles gut vermengen. Etwas Mehl zum Binden unterheben und mit feuchten Händen kleine Laibchen formen.

4. Etwas Butterschmalz in einer Pfanne erhitzen. Die Laibchen darin von beiden Seiten goldbraun ausbacken.

Tipp: Mit grünem Salat und frischen Kräutern oder als Einlage in Rinderbrühe (s. S. 10) servieren.

Schwammerlgulasch

Zutaten

500 g Eierschwammerl (Pfifferlinge)
oder andere Pilze
1 Zwiebel
2 Koblauchzehen
1 kleines Bund Petersilie
2 EL Butter
1 EL edelsüßes Paprikapulver
1 Streifen Zitronenschale
500 ml Gemüsebrühe
200 g Sahne
Salz & Pfeffer
gemahlener Kreuzkümmel

4 Personen
30 Minuten
40 Minuten

1. Die Schwammerl mit einem Tuch oder Pinsel von Schmutz befreien, die Stiele am unteren Ende abschneiden und die größeren Schwammerl halbieren oder vierteln. Zwiebel und Knoblauch schälen und in feine Würfel schneiden. Die Petersilie waschen, trocken tupfen und fein hacken.

2. Die Butter in einer Pfanne erhitzen. Zwiebel- und Knoblauchwürfel darin glasig dünsten. Die Schwammerl hinzufügen und unter gelegentlichem Rühren etwa 10 Minuten schmoren. Die austretende Flüssigkeit sollte verdampft sein.

3. Mit dem Paprikapulver bestreuen und die Zitronenschale hinzugeben. Mit der Gemüsebrühe aufgießen und aufkochen lassen. Das Gulasch nun 10 Minuten bei mittlerer Hitze kochen lassen. Sahne und Petersilie unterrühren und mit Salz, Pfeffer und Kreuzkümmel abschmecken.

Tipp: Dazu passen Spätzle (s. S. 66) oder Semmelknödel (s. S. 48)

Graupenrisotto mit Pilzen und Heidelbeeren

Zutaten

650 g gemischte Pilze, z.B. Saitlinge, Pfifferlinge, Steinpilze
1 Zwiebel
2 Knoblauchzehen
8 Zweige Thymian
1,2 l Gemüsebrühe
80 g Butter
350 g Graupen
200 ml trockener Weißwein
75 g Parmesan oder Bergkäse
150 g Heidelbeeren
Salz & Pfeffer
3 EL steif geschlagene Sahne

4 Personen

50 Minuten

40 Minuten

1. Die Pilze mit einem Pinsel oder trockenen Tuch putzen und die Stiele am unteren Ende abschneiden. Etwa 300 g der weniger schönen Pilze in sehr kleine Würfel schneiden. Die restlichen Pilze je nach Größe halbieren oder vierteln. Zwiebel und Knoblauch schälen und fein würfeln. Den Thymian waschen, die Blätter von 4 Zweigen abzupfen, die restlichen Zweige beiseitelegen. Die Brühe aufkochen.

2. 30 g Butter in einem Topf erhitzen. Pilz-, Zwiebel- und Knoblauchwürfel mit den Thymianblättern darin leicht andünsten. Die Graupen dazugeben und kurz glasig anschwitzen. Mit dem Weißwein ablöschen und vollständig einkochen lassen. Ein Achtel der heißen Brühe hinzugeben und bei geringer Hitze köcheln lassen. Das Risotto 20–25 Minuten garen, bis es bissfest ist. Dabei nach und nach die restliche Brühe zugießen und immer wieder umrühren.

3. Die Hälfte des Käses reiben, die andere Hälfte in feine Späne hobeln. Die Heidelbeeren gut waschen und vorsichtig zum Trocknen auf ein Küchentuch legen.

4. Kurz vor dem Ende der Garzeit des Risottos die restliche Butter in einer Pfanne zerlassen und die restlichen Pilze darin bei starker Hitze braten. Salzen und pfeffern, die restlichen Thymianzweige dazugeben und alles nochmals durchschwenken.

5. Sahne und geriebenen Käse unter das Risotto heben und mit Salz und etwas Pfeffer abschmecken. Das Risotto auf Tellern anrichten. Gebratene Pilze, Heidelbeeren und Käsespäne darauf verteilen und servieren.

Kärntner Schlutzkrapfen

Zutaten

Nudelteig

175 g Roggenmehl
125 g Weizenmehl
1 Ei
1 Eigelb
1 EL Pflanzenöl
Salz

Kartoffeltopfenfüllung

300 g mehlig kochende Kartoffeln
2 Semmeln vom Vortag
100 ml Milch
1 Knoblauchzehe
1 kleines Bund Liebstöckel
1 kleines Bund Petersilie
1 kleines Bund Kerbel
250 g Topfen (Quark)
Salz & Pfeffer
1 Prise frisch geriebene Muskatnuss
1 kleines Bund Schnittlauch
Rinderbrühe (s. S. 10)

4 Personen
30 Minuten
30 Minuten

1. Beide Sorten Mehl durch ein Sieb sieben. Eine Mulde in das Mehl drücken und Ei, Eigelb, Öl und Salz hineingeben. Alle Zutaten zu einem glatten, weichen Teig verkneten, nach Bedarf etwas Wasser zugeben. Den Teig 30 Minuten ruhen lassen.

2. Für die Füllung die Kartoffeln in Salzwasser weich kochen, schälen und durch die Kartoffelpresse drücken. Auskühlen lassen. Die Semmeln klein würfeln, die Milch erwärmen, darübergießen und etwas durchziehen lassen. Die Masse sollte nicht zu nass sein.

3. Den Knoblauch schälen und fein hacken. Die Kräuter waschen, trocken tupfen und ebenfalls fein hacken. Nun eingeweichte Semmelwürfel, Kartoffeln, Topfen, Knoblauch und Kräuter vermengen und mit Salz, Pfeffer und Muskatnuss würzen.

4. Den Nudelteig auf einer bemehlten Arbeitsfläche mit einer Teigrolle oder mithilfe einer Nudelmaschine dünn ausrollen. Aus dem Teig 40 Kreise von 6–8 cm Durchmesser ausstechen. Je 1 Esslöffel Füllung in die Mitte jedes Kreises geben, diese zu halbkreisförmigen Taschen zusammenklappen und die Ränder zusammendrücken.

5. Salzwasser in einem großen Topf zum Kochen bringen und die Schlutzkrapfen portionsweise etwa 10 Minuten bei geringer Hitze darin garen. Unterdessen den Schnittlauch hacken. Die Schlutzkrapfen mit einem Schaumlöffel herausnehmen, abtropfen lassen und in heißer Brühe (s. S. 10) mit gehacktem Schnittlauch und frisch gemahlenem Pfeffer bestreut servieren.

Herzhafter Kartoffel-Kürbis-Strudel

Zutaten

Strudelteig für 2 Strudel
200 g Mehl
2 EL Pflanzenöl
Salz
ca. 125 ml lauwarmes Wasser
Mehl, zum Bestäuben

Kartoffel-Kürbis-Füllung
400 g festkochende Kartoffeln
1 Zwiebel
1 Knoblauchzehe
400 g Hokkaidokürbis
2 EL Olivenöl
Salz & Pfeffer
1 Prise frisch geriebene Muskatnuss
1 EL frisch gehackte Petersilie
1 EL frisch gehackter Majoran
2 EL zerlassene Butter
80 g Semmelbrösel
50 g Kürbiskerne, geröstet

4 Personen
40 Minuten
60 Minuten

1. Das Mehl durch ein Sieb sieben und eine Mulde hineindrücken. Öl, Salz und Wasser hinzugeben und vermengen. Nur so viel Wasser verwenden, dass sich ein elastischer, glatter Teig kneten lässt. Den Teig halbieren, zu Kugeln formen, in Frischhaltefolie einschlagen und 30 Minuten ruhen lassen.

2. Für die Füllung Kartoffeln, Zwiebel, Knoblauch und gegebenenfalls auch Kürbis schälen. Den Kürbis entkernen. Zwiebel und Knoblauch in feine Würfel schneiden, Kartoffeln und Kürbis in 1–2 cm große Würfel schneiden. Das Olivenöl in einer großen Pfanne erhitzen und das Gemüse darin anbraten bis es goldbraun ist. Mit Salz, Pfeffer und Muskatnuss abschmecken und gehackte Petersilie und Majoran unterheben.

3. Den Backofen auf 200 °C vorheizen. Eine Arbeitsfläche mit einem großen, sauberen Küchentuch auslegen. Dieses mit Mehl bestäuben und die beiden Teigportionen darauf mit einer Teigrolle hauchdünn ausrollen. Die Ränder dabei immer wieder mit den Händen ausziehen. Abschließend die Ränder begradigen. Die Teigplatten sollten so dünn sein, dass das Küchentuch durchscheint. Beide Strudelteigplatten dünn mit etwas flüssiger Butter bestreichen.

4. Die Teigplatten jeweils längs bis zur Hälfte mit den Semmelbröseln bestreuen und die Kartoffel–Kürbi–Masse darauf verteilen. Die Strudelteigplatten an den Seiten etwas nach innen umschlagen und dann mithilfe des Küchentuchs aufrollen. Die Strudel auf ein mit Backpapier ausgelegtes Backblech legen. Mit der restlichen zerlassenen Butter bestreichen. Die gerösteten Kürbiskerne über die Strudel streuen und im Ofen etwa 30 Minuten backen.

Mehlspeisen & Desserts

Dreierlei Kompott

Zutaten

Zwetschgenkompott
600 g Zwetschgen
100 g Zucker
100 ml Rotwein oder Wasser
1 Zimtstange
3 Gewürznelken

Rhabarberkompott
600 g Rhabarber
1 Vanillestange
150 ml Wasser
150 g Zucker

Apfelkompott
8 Äpfel
175 g Zucker, plus eventuell etwas mehr
150 ml Wasser
½ TL abgeriebene Zitronenschale
3 Gewürznelken

je 4 Personen
je 12 Minuten
je 20 Minuten

Zwetschgenkompott

Die Zwetschgen waschen, halbieren und entsteinen. Zucker und Wasser oder Wein in einen Topf geben. Zimtstange und Nelken hinzugeben. Die Pflaumenhälften in die Flüssigkeit geben, aufkochen und etwa 3 Minuten köcheln lassen. Den Topf vom Herd nehmen, mit dem Deckel abdecken und das Kompott 10 Minuten ziehen lassen.

Rhabarberkompott

Die Schale von den Rhabarberstangen abziehen, die Enden abschneiden und die Stangen waschen. Gebündelt auf ein Brett legen und in 2–3 cm lange Stücke schneiden. Die Vanillestange halbieren und das Mark herauskratzen. Die Rhabarberstücke mit Zucker und Vanillemark in einen Topf geben, 150 ml Wasser hinzugießen und kurz aufkochen lassen. Den Topf vom Herd nehmen und zum Erkalten zugedeckt stehen lassen. Eventuell mit Zucker nachsüßen.

Apfelkompott

Zucker, Wasser, Zitronenschale und Nelken in einen Topf geben und aufkochen. Einige Minuten kochen lassen, bis ein dicker Sirup entsteht. In der Zwischenzeit die Äpfel schälen, entkernen und in Scheiben schneiden. Die Apfelscheiben dem Sirup zufügen und 5–8 Minuten mitköcheln lassen. Das Kompott kann direkt warm serviert werden.

Tipp: Zum Aufbewahren das heiße Kompott in Einmachgläser einkochen oder in Gläser mit Schraubverschluss abfüllen, sofort fest verschließen, wenden und mit dem Deckel nach unten auf eine Arbeitsfläche stellen und abkühlen lassen.

Mohnstrudel mit Birnenfüllung

Zutaten

Strudelteig für 2 Strudel

200 g Mehl
2 EL Pflanzenöl
Salz
125 ml lauwarmes Wasser
Mehl, zum Bestäuben

Birnenfüllung

250 g gemahlene Mohnsaat
120 ml Milch
50 g Zucker
1 TL Zimt
abgeriebene Schale von 1 Zitrone
125 g Sultaninen
125 g Walnüsse, gehackt
1 Ei
400 g Birnen
90 g Semmelbrösel
100 g zerlassen Butter,
plus etwas mehr zum Einfetten
Puderzucker, zum Bestreuen

4 Personen
27 Minuten
90 Minuten

1. Den Strudelteig zubereiten (s. S. 76) und 30 Minuten ruhen lassen.

2. Für die Füllung Mohn und Milch in einen Topf geben, erhitzen und 2 Minuten köcheln lassen. Den Topf vom Herd nehmen, Zucker, Zimt, Zitronenschale, Sultaninen und Walnüsse hinzugeben. Das Ei unter die Masse heben. Die Birnen schälen, entkernen und in dünne Scheiben schneiden.

3. Den Backofen auf 200 °C vorheizen.
Eine Arbeitsfläche mit einem großen, sauberen Küchentuch auslegen. Dieses mit Mehl bestäuben und den Teig darauf mit einer Teigrolle hauchdünn ausrollen. Die Ränder dabei immer wieder mit den Händen ausziehen. Abschließend die Ränder begradigen. Die Teigplatten sollten so dünn sein, dass das Küchentuch durchscheint.

4. Die Strudelteigplatten mit flüssiger Butter bestreichen. Den Teig jeweils zuerst bis zur Mitte mit Semmelbröseln bestreuen, dann den restlichen Teil mit der Mohnmasse bestreichen und mit den Birnen belegen, dabei die Ränder frei lassen. Die Strudelteigplatten an den Seiten etwas nach innen umschlagen und mithilfe des Küchentuchs aufrollen.

5. Eine große Auflaufform mit Butter einfetten. Die Strudel vorsichtig in die Form legen und mit der zerlassenen Butter bestreichen. Im Ofen auf der mittleren Schiene 20–25 Minuten backen. Vor dem Servieren mit Puderzucker betreuen.

Tipp: Den Strudel warm mit Vanillesauce oder Vanilleeiscreme servieren.

Zwetschgenknödel

Zutaten

Knödelteig

750 g Topfen (Magerquark)
3 Eier
180 g kalte Butter
400 g Mehl, plus etwas mehr zum Bestäuben

Zwetschgenfüllung

24 kleine Zwetschgen
24 Stücke Würfelzucker
80 g Butter
120 g Semmlbrösel
Puderzucker, zum Bestreuen
Zimt, nach Belieben

ca. 12 Knödel
25 Minuten
60 Minuten

1. Topfen, Eier, Butter und Mehl in einer Rührschüssel zu einem glatten Teig verkneten. Abdecken und gut 1 Stunde ruhen lassen.

2. Die Zwetschgen waschen und längs aufschlitzen. Den Stein aus der Öffnung nehmen. Ein Stück Zucker in jede Zwetschge legen und wieder schließen.

3. Einen Topf mit Salzwasser zum Kochen bringen. Mit einem Esslöffel Portionen vom Teig abstechen und in der bemehlten Handfläche flach drücken. Je eine Pflaume hineinlegen, den Teig um die Frucht herum legen und zu einem runden Knödel formen.

4. Die Knödel vorsichtig in das heiße Wasser geben und auf niedrigster Stufe etwa 15–20 Minuten ziehen lassen.

5. Inzwischen die Butter in einer Pfanne zerlassen. Die Semmelbrösel hinzugeben, kurz unterrühren und goldbraun rösten.

6. Die Zwetschgenknödel mit einem Schaumlöffel aus dem Topf nehmen und kurz abtropfen lassen. In den Semmelbröseln wälzen. Vor dem Servieren mit etwas Puderzucker und nach Belieben mit Zimt bestreuen.

Topfen-Palatschinken

Zutaten

Palatschinken

75 g Mehl, gesiebt
125 ml Milch, plus eventuell etwas mehr
2 Eier
2–3 EL Öl
abgeriebene Schale von ½ Zitrone
1 TL Vanillezucker
1 Prise Salz
Butterschmalz, zum Ausbacken
Butter, zum Einfetten

Topfenfüllung

60 g Butter
40 g Puderzucker
1 TL Vanillezucker
2 TL Vanillepuddingpulver
1 Prise Salz
abgeriebene Schale von ½ Zitrone
3 Eier
200 g Topfen (Quark)
50 g Zucker
60 g Rosinen, in Rum eingelegt

Guss

125 ml Milch
125 g Sauerrahm
2 Eier
30 g Puderzucker
1 TL Vanillezucker

4 Personen
30 Minuten
45 Minuten

1. Backofen auf 160 °C vorheizen. Für die Palatschinken das Mehl mit 60 ml Milch, Eiern und Öl in einer Schüssel gut verrühren. Zitronenschale, Vanillezucker sowie Salz zugeben und die restliche Milch nach und nach unterrühren, sodass ein dünnflüssiger Teig entsteht. 20 Minuten ruhen lassen. Den Teig bei Bedarf noch mit etwas Milch verdünnen.

2. Etwas Butterschmalz in einer Palatschinkenpfanne erhitzen (die Pfanne soll nur leicht mit Fett überzogen sein) und etwas Teig eingießen. Die Pfanne schwenken und den Teig gleichmäßig verteilen. Den Palatschinken auf beiden Seiten goldgelb backen. Herausheben, auf einen Teller legen und mit Alufolie abdecken. Die restlichen Palatschinken nacheinander ebenso backen.

3. Für die Füllung Butter, Puderzucker, Vanillezucker, Puddingpulver, Salz und Zitronenschale zusammen schaumig rühren. Die Eier trennen und Eigelb sowie Topfen nach und nach in die Buttermasse einrühren. Das Eiweiß mit dem Zucker zu Eischnee aufschlagen und gemeinsam mit den Rosinen unter die Topfenmasse ziehen.

4. Die Palatschinken jeweils mit der Topfenmasse bestreichen und dann zu einer Rolle einrollen. Eine Auflaufform mit Butter einfetten. Die Palatschinken in die Form schichten und im Backofen 15 Minuten backen.

5. Für den Guss alle Zutaten mit einem Schneebesen glatt rühren, über die Palatschinken gießen und diese weitere 15 Minuten backen.

Tipp: Zusammen mit Kompott (s. S. 80) servieren.

Germknödel mit Mohnzucker

Zutaten

15 g frischer Germ (Hefe)
100 ml lauwarme Milch
2 Päckchen Vanillezucker
250 g Mehl, plus etwas mehr zum Bestäuben
1 Prise Salz
1 Ei
100 g Pflaumenmus
100 g Butter
50 g gemahlene Mohnsaat
50 g Puderzucker

8 Knödel
25 Minuten
60 Minuten

1. Den Germ zerbröseln, in eine Schüssel geben und lauwarme Milch sowie Vanillezucker unterrühren. Das Mehl durch ein Sieb in die Schüssel sieben, das Salz hinzufügen und vermengen. Zum Schluss das Ei zugeben und alles mit dem Knetharken des Handrührgeräts vermengen. Die Schüssel mit einem Tuch abgedeckt an einen warmen Ort stellen und den Teig 1 Stunde gehen lassen. Der Hefeteig ist fertig, wenn er das Doppelte an Volumen angenommen hat.

2. Den Teig noch mal durchkneten und in 8 Stücke schneiden. Mit bemehlten Händen die Teigstücke rund formen und flach drücken. In die Mitte des Teigs mit den Fingern eine Vertiefung drücken und jeweils 1 Esslöffel Pflaumenmus hineingeben. Den Teig über das Mus klappen und zu Knödeln formen. Die Knödel weitere 30 Minuten abgedeckt ruhen lassen.

3. Einen Topf mit etwa 2 Litern Salzwasser zum Kochen bringen. Die Germknödel in das kochende Wasser geben und die Hitze reduzieren. Mit aufgelegtem Topfdeckel die Germknödel 20 Minuten ziehen lassen. Der Deckel darf dabei nicht abgenommen werden.

4. Die Butter in einer Pfanne leicht goldbraun werden lassen. Den Mohn mit dem Puderzucker vermengen. Die Germknödel mit einem Schaumlöffel aus dem Wasser nehmen und auf einen Teller legen. Die Butter und die Mohn-Puderzucker–Mischung darübergeben und die Germknödel sofort servieren.

Bayerische Creme mit roten Beeren

Zutaten

6 Blatt weiße Gelatine
1 Vanillestange
500 ml Milch
4 Eigelb
100 g Zucker
200 g Sahne, steif geschlagen
150 g Erdbeeren
150 g Himbeeren
Puderzucker, zum Bestäuben

4 Personen
3 Minuten
1 Stunde

1. Die Gelatineblätter einzeln in eine Schüssel mit kaltem Wasser legen und 10 Minuten einweichen lassen. Die Vanillestange halbieren und das Mark herauskratzen. Die Milch mit Vanillemark und Vanillestange in einen Topf geben und unter Rühren aufkochen lassen.

2. Eigelb und Zucker in einer Schüssel dick und schaumig aufschlagen. Die Vanillestange aus der heißen Milch entfernen. Die Milch in dünnem Strahl und unter Rühren zu der Ei-Zucker-Masse gießen.

3. Die Gelatine gut ausdrücken und in die noch warme Creme rühren, bis sie sich ganz auflöst. Die Mischung nun durch ein Sieb passieren.

4. Die Creme über einem Wasserbad langsam erhitzen und dabei ständig mit einem Holzlöffel rühren. Sie ist fertig, wenn sich beim Pusten auf die Masse am Holzlöffel ein rosenähnliches Muster bildet (dieser Vorgang nennt sich „zur Rose abziehen“). Die Creme dann kühl stellen. Wenn die Creme anfängt zu gelieren, die steif geschlagene Sahne unterheben und die Creme kalt stellen.

5. Erdbeeren und Himbeeren putzen und waschen. Die Erdbeeren in Viertel schneiden. Kurz vor dem Servieren beides über die Creme geben. Mit Puderzucker bestäuben.

Kaiserschmarren

Zutaten

80 g Rosinen
20 ml Rum
6 Eier
60 g Zucker
1 Päckchen Vanillezucker
250 g Mehl
400 ml Milch
100 ml Mineralwasser
80 g Butterschmalz
Puderzucker, zum Bestäuben

4 Personen
15 Minuten
20 Minuten

1. Den Backofen auf 180 °C vorheizen. Die Rosinen für mindestens 30 Minuten in den Rum einlegen.

2. Die Eier trennen. Das Eigelb mit Zucker und Vanillezucker in einer Schüssel schaumig schlagen.

3. Nach und nach Mehl und Milch hinzufügen. Dabei stetig rühren, bis sich alles miteinander vermischt hat. Dann das Mineralwasser und die Rosinen mit dem Rum hinzugeben und verrühren.

4. Das Eiweiß steif schlagen und vorsichtig unter den Teig heben.

5. Das Butterschmalz in einer ofenfesten Pfanne zerlassen und den Teig in die Pfanne füllen. Den Kaiserschmarren bei mittlerer Temperatur backen, bis die Unterseite leicht goldbraun und etwas fest geworden ist.

6. Den Kaiserschmarren in den Backofen stellen und etwa 4 Minuten backen bis er goldgelb ist und in der Pfanne aufgeht. Jetzt den Kaiserschmarren wenden, mit etwas Puderzucker bestreuen und weitere 4 Minuten von der anderen Seite braun backen.

7. Den Kaiserschmarren mit zwei Gabeln zerreißen, auf Teller geben und mit Puderzucker bestreuen.

Ribiselkuchen mit Schneehaube

Zutaten

300 g Mehl
3 Eigelb
200 g Butter
1 Prise Salz
150 g Zucker
100 g Puderzucker
5 Eiweiß
50 g Ribiselkonfitüre (Johannisbeermarmelade)
400 g Rote Johannisbeeren
400 g Schwarze Johannisbeeren

4 Personen
35 Minuten
30 Minuten

1. Backofen auf 200 °C vorheizen. Für den Teig, Mehl, Eigelb, Butter, Salz und Zucker zu einem Teig verkneten. Auf einem Backpapier mit einer Teigrolle ausrollen und auf ein Blech legen. Anschließend im Backofen etwa 15 Minuten backen.

2. Für die Schneehaube den Puderzucker löffelweise in das Eiweiß einrieseln lassen und mit dem Handrührgerät zu einer steifen Schneemasse schlagen.

3. Den fertig gebackenen Boden abkühlen lassen und mit der Konfitüre bestreichen.

4. Die Beeren verlesen, waschen, trocken tupfen und ebenfalls auf dem Boden verteilen. Das Eiweiß darüber verteilen.

5. Den Kuchen bei 160 °C weitere 15–20 Minuten fertig backen (die Schneehaube soll hellbraun sein).

Register

Fette Seitenzahlen verweisen auf die Rezepte bzw. den Haupteintrag.